Einladung zum Selberlesen

Liebe Eltern,

Sie haben Ihrem Kind Bücher vorgelesen? Sehr gut.
Sie werden dies auch weiterhin tun? Um so besser.
Aber wenn Ihr Kind einmal hinter das Geheimnis der
Buchstaben gekommen ist, will es auch selber lesen.
Es möchte erleben, wie beim Lesen eine spannende,
lustige oder traurige Geschichte in ihm entsteht. Das
ist gar nicht so einfach. Es dauert lange, bis ein Kind
gut und gern liest.

Was es am Anfang braucht?
Ein ganzes Buch, das zum Lesen verlockt.
Ein Buch, das es beim Lesen nicht überfordert.
Ein Buch
* mit kurzen Geschichten
* mit einer genügend großen Schrift
* mit kurzen, überschaubaren Zeilen
* in einer verständlichen Sprache
* mit Bildern, die helfen den Sinn zu erfassen.

Bücher, die diesen Anforderungen gerecht werden,
fördern das Abenteuer Lesen und machen Lust
aufs nächste Buch.

Prof. Dr. Manfred Wespel,
lesedidaktischer Berater des
KÄNGURU-Programms

Doris Meißner-Johannknecht

Kleine Fahrradgeschichten

Mit Bildern von Klaus Puth

Die Deutsche Bibliothek – CIP-Einheitsaufnahme

Kleine Fahrradgeschichten / Doris Meissner-Johannknecht. Mit
Bildern von Klaus Puth. - 1. Auflage. - München : Ars-Ed., 1997
   (Känguru : Erste Geschichten zum Selberlesen)
   ISBN 3-7607-3751-X Pp.

Didaktische Beratung: Prof. Dr. Manfred Wespel
Nach den Regeln der neuen Rechtschreibung

Gedruckt auf umweltfreundlichem Papier ohne Chlorbleiche

1. Auflage 1997
© 1997 by arsEdition, München
Alle Rechte vorbehalten
Ausstattung und Herstellung: arsEdition, München
Titelbild und Innenillustrationen: Klaus Puth
Titelvignette: Carola Holland
Einbandgestaltung: Ralph Bittner
Printed in Germany
ISBN 3-7607-3751-X

Inhalt

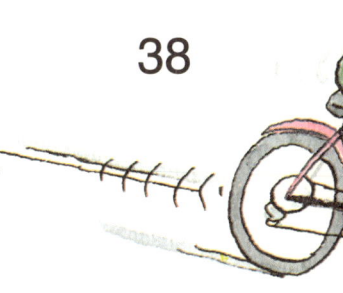

Daniels größter Wunsch

Daniel hat sieben Kerzen
auf seinem Kuchen ausgepustet.
Jetzt will Daniel endlich
sein Geschenk haben.

„Es steht auf der Terrasse!",
sagt Mama.
Daniel rennt auf die Terrasse.
Ist dort der Hund?

Aber auf der Terrasse
ist kein Hund.
Auf der Terrasse
sind nur Mamas Blumentöpfe.

Und ein Fahrrad
in ziemlich blöden Farben,
Schwarz und Pink.

Auf dem Rahmen steht: Angelo.
Total doof!
Wie der Sänger von dieser Band,
die Daniel nicht mag.
Das soll sein Geschenk sein?
Daniel will kein Fahrrad.
Daniel will einen Hund.

Daniel ist traurig.

Er kann nicht Fahrrad fahren.

Aber Lena,

seine kleine Schwester,

kann Fahrrad fahren.

Lena kann schwimmen.

Lena kann Rollschuh laufen.

Lena kann einfach alles.

Daniel kann das alles nicht.

12

„Freust du dich nicht?",
fragt Mama.
Daniel sagt kein Wort.
„Papa übt mit dir!",
verspricht Mama.

Daniel will nicht mit Papa üben.
Papa hat keine Geduld.
Papa schimpft
so schnell.

Da kommt Papa von der Arbeit.

Heute hat er Zeit.

Er trägt das Fahrrad

von der Terrasse.

Auf dem Fußweg
hilft er Daniel aufs Fahrrad.
Daniel soll lenken.
Daniel soll treten.
Aber Daniel
hat Angst.

Papa hält das Fahrrad fest.
Das Fahrrad schwankt trotzdem.
Daniel hat immer mehr Angst.
Papas Stimme wird laut.
Zu laut.

„Daniel, pass auf!", ruft Papa.

Das Fahrrad kippt um.

Daniel stürzt.

Sein Knie blutet.

Daniel weint.

Daniel will kein Fahrrad.

Daniel will einen Hund.

Fahrrad gesucht

Svenja hat eine Flöte.
Seit zwei Jahren schon.
Svenja spielt gern Flöte.
Und sie spielt gut.

Heute ist ein besonderer Tag.
Heute muss Svenja
zur Musikschule.
Sie soll vor vielen Leuten
vorspielen.
Svenja ist aufgeregt.

17

Es ist schon spät.
Svenja muss sich beeilen.
Mit dem Fahrrad
schafft sie es leicht.

Svenja rennt in den Keller.
Mist! Ein Reifen ist platt.
Wo ist die Luftpumpe?
Svenja findet die Luftpumpe
in der Ritterburg.

18

Svenja pumpt,
so schnell sie kann.
Aber der Reifen
bleibt platt.

Svenja schaut auf die Uhr.
Sie bekommt einen Schreck.
Sie wird zu spät kommen.

Da sieht Svenja
ihren Freund Daniel
mit seinem neuen Fahrrad.
Ein schönes Fahrrad
in tollen Farben,
Schwarz und Pink.
Bestimmt ein schnelles Fahrrad!
Auf seinem Rahmen steht: Angelo.

Mit diesem Fahrrad
könnte Svenja es schaffen.
Ob Daniel ihr
sein neues Fahrrad leiht?
Für eine Stunde?

Daniel leiht ihr Angelo.
Es geht alles klar.
Svenja setzt sich auf den Sattel
und fährt zur Musikschule.

Sie hat es geschafft.

Gerade noch.

Svenja ist froh.

Das Fahrrad stellt sie

vor das Haus.

Schnell läuft sie hinein.

Fast alle Kinder sind schon da.

Und so viele Eltern!

Svenja spielt ihre Stücke.

Svenja spielt gut.

Alle sind zufrieden.

Nach dem Vorspielen
geht Svenja nach Hause.
Sie ist glücklich.
Angelo hat sie längst vergessen.

Duran rettet Angelo

Duran hat kein Fahrrad mehr.
Sein Vater hat es
ihm weggenommen.
Duran war auf der Straße gefahren.
Das ist für Kinder verboten.
Duran hatte fast einen Unfall.

Jetzt ist Duran traurig.
Was soll er tun?

Duran schaut aus dem Fenster.

Er sieht ein Fahrrad.

Ein Traum von einem Fahrrad!

In tollen Farben,

Schwarz und Pink!

Auf dem Rahmen steht: Angelo.

Das Fahrrad steht
vor der Musikschule.
Viele Stunden steht es dort.
Auch am Abend noch.
Komisch.
Wem gehört das Fahrrad?
Holt es keiner ab?

Am Morgen steht das Fahrrad
immer noch dort.
Auch am Abend.
Auch im Regen.

Es ist schade
um das schöne Fahrrad.
Duran will das Fahrrad retten.
Vor dem Regen und vor Dieben.
Duran nimmt Angelo
mit nach Hause.

Da kommt Fatma vorbei.
Fatma geht in dieselbe Klasse
wie Duran.
Fatma weiß,
dass Duran kein Fahrrad mehr hat.

„Ein neues Fahrrad?",
fragt Fatma.
Duran schweigt.
Was soll er sagen?

Er will nicht lügen.

„Das hast du geklaut!",

sagt Fatma.

Duran schweigt.

Er hat das Fahrrad nicht geklaut.

Duran klaut nicht.

Niemals!

„Du bist ein Dieb!",

sagt Fatma böse und geht.

Duran weint.

Er ist kein Dieb.

Er wollte Angelo retten.

Duran bringt Angelo
zur Musikschule zurück.

Als er am Abend wieder
dort vorbeigeht,
ist Angelo nicht mehr da.

Achtung, hier kommt Anne!

Anne ist die Beste.
Im Fahrradfahren ist sie die Beste.
In der Schule nicht.

Sie fährt schnell und sicher.
Sie kann freihändig fahren.
Wer kann das schon?

31

Aber eines Tages
ist Annes Fahrrad verschwunden.
Nach der Schule ist es weg.
Schon das dritte Rad
in diesem Jahr.

Am Nachmittag
geht Anne in den Park.

Dort trifft sie immer
ihre Freundinnen.
Elisa mit dem blauen Mountainbike.
Hanna mit dem roten Rennrad.

Heute wollten sie Slalom üben.
Vielleicht lässt Hanna
Anne mal mit ihrem Fahrrad fahren.

Aber der Park ist leer.
Niemand ist zu sehen.
Da sieht Anne
ein Fahrrad auf der Wiese liegen.

Es ist ein schönes neues Fahrrad
in tollen Farben, Schwarz und Pink.
Auf dem Rahmen steht: Angelo.
So wie das Mitglied dieser Band.
Anne mag Angelo sehr.

Wem gehört das Fahrrad?
Anne schaut sich um.
Es ist niemand da.

Anne leiht sich Angelo.
Nur für eine Stunde.
Oder bis jemand kommt,
dem er gehört.

Anne fährt Slalom mit zehn Steinen.
Heute fährt sie sogar freihändig.
Heute klappt es toll!

Es ist warm.
Anne macht eine Pause.
Sie nimmt ihre Kappe ab
und legt sie auf den Boden.

Dann macht sie weiter.
Mit Angelo geht Slalomfahren
wie von selbst.

Jetzt kommen Leute.
Sie schauen Anne zu.

„Toll!", sagen sie
und legen Geld in Annes Kappe.

Anne holt ihre Kappe
und findet darin das Geld.
Anne zählt das Geld.
Sie lacht.
Es reicht für ein Eis.
Für ein Eis mit drei Kugeln!

Anne legt
Angelo wieder auf die Wiese
und geht zur Eisdiele.
Hoffentlich ist Angelo noch da,
wenn sie wieder zurückkommt!

Angelo fährt ab

Daniel hat Ärger.
Papa ist wütend.
Das neue Fahrrad ist weg!
In den tollen Farben.
Schwarz und Pink.
Mit dem Namen
Angelo.

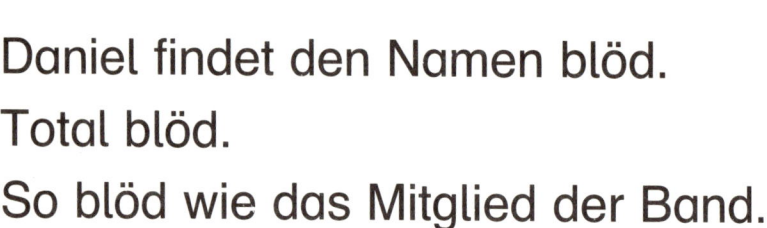

Daniel findet den Namen blöd.
Total blöd.
So blöd wie das Mitglied der Band.

Daniel wollte Angelo nicht
und Daniel will Angelo nicht.
Daniel will einen Hund.

38

Daniel ist froh,
dass Angelo weg ist.
Geklaut!

Aber Papa ist wütend.
„Geh und such dein Rad!",
sagt Papa.

Daniel geht los.
Aber er sucht Angelo nicht.
Daniel geht in den Park.
Zum Ententeich,
Enten füttern.

39

Da sieht er sein Fahrrad.
Mit einem Mädchen.
Das Mädchen fährt Slalom.
Daniel bleibt stehen.
Toll kann die das!

„Das kann ich nie",
denkt Daniel traurig.

Das Mädchen legt Angelo
auf die Wiese und geht weg.
Schade!

Daniel hebt sein Fahrrad auf.
Er hält den Lenker in der Hand.
Mehr kann er nicht.

Da kommt das Mädchen zurück.
Mit einer Eistüte in der Hand.
„Ist das dein Fahrrad?", fragt sie.
Daniel nickt.

„Ein tolles Fahrrad!", sagt sie.
„Ich kann aber nicht damit fahren",
sagt Daniel.

„Soll ich dir helfen?",
fragt das Mädchen.
„Ich kann es nicht!", sagt Daniel.

Das Mädchen
stellt sich vor das Fahrrad.
Sie hält es fest und sagt:
„Du kannst es lernen.
Komm!"

Daniel zögert.
„Ich hab keinen Helm dabei",
sagt er.

„Ich pass auf dich auf.
Ich halt dich fest!",
sagt das Mädchen.

Daniel hält den Lenker.

Daniel setzt sich auf den Sattel.

Daniel tritt in die Pedale.

Und Angelo fährt ab.

Mit Daniel

auf dem Sattel.

KÄNGURU Lesestufen-Modell

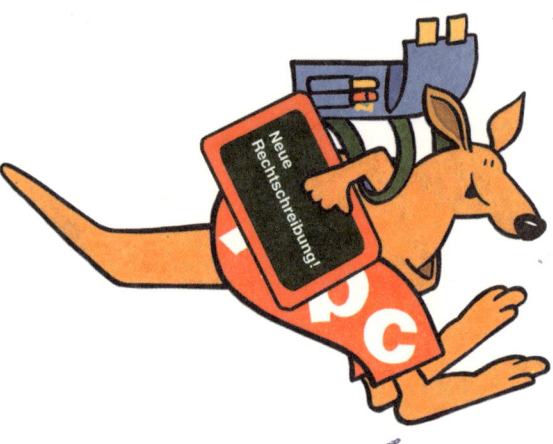

So macht Lesenlernen richtig Spaß – mit Büchern, die auf die unterschiedlichen Lernphasen zugeschnitten sind: 5 Lernschritte, 5 Buch-Reihen. »Kinder werden dann zu begeisterten Lesern, wenn Buch und Leseentwicklung zusammenpassen.«

Prof. Dr. Manfred Wespel, lesedidaktischer Berater des KÄNGURU-Programms

»Mit Comics lesen lernen«

2. Lesestufe ab 6 Jahre
- jeweils eine kurze Geschichte für Leseanfänger
- mit frechen und witzigen Comic-Elementen
- leicht lesbare Fibelschrift

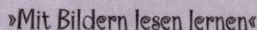

»Mit Bildern lesen lernen«

1. Lesestufe ab 5 Jahre
- kurze lustige Geschichten mit einfachem Text
- Bilder ersetzen Namenwörter
- sehr große Fibelschrift
- fünf doppelseitige Suchbilder

»Kinderroman« und »Krimi-Abenteuer«

5. Lesestufe
ab 10 Jahre

- jeweils ein längerer packender Roman für begeisterte »Leseprofis«
- eingestreute Schwarzweiß-Illustrationen

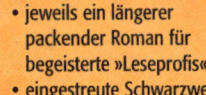
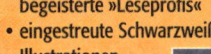

»Leseabenteuer in Farbe«

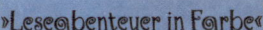

4. Lesestufe
ab 8 Jahre

- jeweils eine längere spannende Geschichte
- viele farbige Illustrationen
- große Schrift

»Erste Geschichten zum Selberlesen«

3. Lesestufe
ab 7 Jahre

- mehrere kurze Geschichten zu einem Thema
- klare Textgliederung als Lesehilfe
- große Fibelschrift
- viele farbige Illustrationen

Alle
hier gezeigten

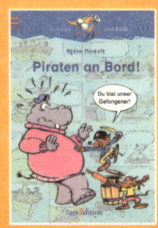

Bücher nach

NEUER RECHTSCHREIBUNG!